La Historia de la Navidad

Cuento e ilustraciones por la
Capitana Julia Chamberlain

Traducion al español por
el Capitán Luis Villanueva

Esta es una producción de El Ejército
de Salvación Territorio Suroeste de EEUU

Copyright © 2023 by The Salvation Army USA Southern Territory

All rights reserved. This book or any portion thereof may not be reproduced or used in any manner whatsoever without express written permission of the publisher except for the use of brief quotations in a book review.

For information write:
The Salvation Army
USA Southern Territory
Literary Council
1424 Northeast Expressway
Atlanta, GA 30329

Scripture taken from the Holy Bible, New International Version®, NIV®. Copyright© 1973, 1978, 1984, 2011 by Biblica, Inc.™ Used by permission of Zondervan. All rights reserved worldwide. www.zondervan.com The "NIV" and "New International Version" are trademarks registered in the United States Patent and Trademark Offices by Biblica, Inc.™

Le doy la bienvenida a una manera única de explorar la historia de la navidad. Mi inspiración por hacer esto es porque disfruto de escribir diarios y colorear mientras reflexiono sobre las escrituras. Para mí, esto ayuda a mejorar la experiencia. La terapia de arte ha sido un método comprobado para retener información y también de relajación. Este libro está diseñado para ser un diario. Hay páginas en blanco para tomar notas, hacer dibujos o grandes obras de arte, paginas para colorear inspiradas en cada capítulo, y algunas instrucciones que le ayudarán a sumergirse más en la historia. Espero que disfrute de esta experiencia.

¿Como usar este diario?

Las instrucciones del diario están diseñadas para mejorar la lectura y darle la oportunidad de poner sus pensamientos en palabras o dibujos mientras reflexiona sobre las escrituras. Esta es una oportunidad de relajarse y dejar libre su creatividad.

Sugerencia de materiales

Si usted es nuevo en esto, se recomienda lápices de colores. También le recomiendo buscar algunos ejercicios de mezcla o combinación de colores para que pueda probar en la página disponible.

Los crayones son una gran opción para cualquier tipo de diario de arte. Son brillantes, económicos y fácil de usar.

También los marcadores son una buena opción de colores vivos, sin embargo, puede ser que la tinta se pase al otro lado de la página. Si esto no le molesta puede seguir, pero si le molesta, asegúrese de poner un pedazo de papel debajo de la página sino su pintura se pegará en todo el libro (no me pregunte cómo lo sé).

Espero que le guste este libro y le saque mucho provecho mientras pasa tiempo *Dibujando desde la Escrituras* esta Navidad.I hope you enjoy this book and make the most of it as you spend some time *Drawing from the Word* this Christmas!

Introducción

Decir "La navidad es un tiempo especial" podría ser la declaración más obvia de la historia. A menudo nos volvemos locos tratando de hacer la navidad lo más especial posible. Para esto hay miles de ideas que están a nuestro alcance para hacerlo posible, pero pueden ser estresantes o agobiantes. Pero por muy extraño que parezca, todo el estrés y la locura que trae esta festividad es auto impuesta. No hay manera correcta o incorrecta de festejar "la Navidad".

Mis hermanos y yo crecimos en una casa donde la navidad era el evento del año. Teníamos el árbol, organizábamos las fiestas, íbamos a los desfiles, actuábamos en las obras de teatro de la iglesia, decorábamos el patio, y hacíamos galletas. Puedo sentir como comienza a subir la tensión con tan solo escribir esta lista.

Cuando crecimos y tuvimos nuestros propios hijos, mi hermana ya no quiso hacer nada para la navidad. Esto fue un golpe muy grande para nuestra familia. Mi mamá se sintió traicionada, su rebelión navideña se convirtió en el tema recurrente en las reuniones familiares. De alguna manera entiendo por qué mi hermana tomó esa decisión tan drástica. Después de todo, ¿quién necesita un nuevo bebé y todo el caos de la navidad? Después de unos años de su protesta navideña me dijo que solo necesitaba un descanso. Así es que le pregunté que cuál era su memoria favorita de navidad de cuando éramos niños. Me dijo que su actividad favorita era cuando nos subíamos al auto y manejábamos alrededor para ver las luces navideñas, cuando tomábamos chocolate caliente, y cantábamos canciones de navidad como familia. Le gustaba porque era simple, solo éramos nosotros y no había preparación o necesitaba ser perfecto.

Le compartí mi memoria favorita de la navidad. Fue un año donde no tuvimos nada. No hubo regalos ni fiestas. Estábamos tan pequeños que nuestra mamá trató tanto de hacerlo especial que nos hizo una cena con "gelatina elegante" para el postre (fruta con crema batida – delicioso). Luego tomó unas guirnaldas y las pegó a la pared de la casa rodante en forma de triangulo y pasamos la noche cortando fotos de las revistas para pegarlas dentro del árbol. Nuestra mamá apagó las luces y mientras afuera la nieve caía silenciosamente, nos leyó la historia de la navidad en la Biblia grande familiar que solo se usaba para ocasiones especiales.

Esta navidad se destacó más porque no perdimos el tiempo buscando el regalo perfecto o estresándonos por las decoraciones porque pasamos el tiempo juntos. Es por eso por lo que el relato bíblico de la primera navidad ahora es sagrado para mí. Ese año, fue el único regalo que recibimos y lo único que realmente necesitábamos. Así es que, este libro es una celebración de esos momentos tranquilos y significativos que encontramos en medio de las festividades para enfocarnos en lo que realmente importa.

Este libro está dedicado a Cindie y Josh.
Que sus navidades continúen siendo sagradas
y que sus decoraciones brillen siempre.

La historia de la navidad de Lucas 1

El anuncio del nacimiento de Jesús

²⁶ A los seis meses, Dios envió al ángel Gabriel a Nazaret, pueblo de Galilea, ²⁷ a visitar a una joven virgen comprometida para casarse con un hombre que se llamaba José, descendiente de David. La virgen se llamaba María. ²⁸ El ángel se acercó a ella y le dijo: ¡Te saludo, tú que has recibido el favor de Dios! El Señor está contigo.

²⁹ Ante estas palabras, María se perturbó, y se preguntaba qué podría significar este saludo. ³⁰ —No tengas miedo, María; Dios te ha concedido su favor —le dijo el ángel—. ³¹ Quedarás encinta y darás a luz un hijo, y le pondrás por nombre Jesús. ³² Él será un gran hombre, y lo llamarán Hijo del Altísimo. Dios el Señor le dará el trono de su padre David, ³³ y reinará sobre el pueblo de Jacob para siempre. Su reinado no tendrá fin.

³⁴ —¿Cómo podrá suceder esto —le preguntó María al ángel—, puesto que soy virgen?

³⁵ —El Espíritu Santo vendrá sobre ti, y el poder del Altísimo te cubrirá con su sombra. Así que al santo niño que va a nacer lo llamarán Hijo de Dios. ³⁶ También tu parienta Elizabet va a tener un hijo en su vejez; de hecho, la que decían que era estéril ya está en el sexto mes de embarazo. ³⁷ Porque para Dios no hay nada imposible.

³⁸ —Aquí tienes a la sierva del Señor —contestó María—. Que él haga conmigo como me has dicho. Con esto, el ángel la dejó.

María visita a Elizabeth

³⁹ A los pocos días María emprendió viaje y se fue de prisa a un pueblo en la región montañosa de Judea. ⁴⁰ Al llegar, entró en casa de Zacarías y saludó a Elizabet. ⁴¹ Tan pronto como Elizabet oyó el saludo de María, la criatura saltó en su vientre. Entonces Elizabet, llena del Espíritu Santo,

⁴² exclamó:—¡Bendita tú entre las mujeres, y bendito el hijo que darás a luz![g] ⁴³ Pero ¿cómo es esto, que la madre de mi Señor venga a verme? ⁴⁴ Te digo que tan pronto como llegó a mis oídos la voz de tu saludo, saltó de alegría la criatura que llevo en el vientre. ⁴⁵ ¡Dichosa tú que has creído, porque lo que el Señor te ha dicho se cumplirá!

El anuncio del nacimiento de Jesús

El cántico de María

⁴⁶ Entonces dijo María:

«Mi alma glorifica al Señor,
⁴⁷   y mi espíritu se regocija en Dios mi Salvador,
⁴⁸   porque se ha dignado fijarse en su humilde sierva.
     Desde ahora me llamarán dichosa todas las generaciones,
⁴⁹   porque el Poderoso ha hecho grandes cosas por mí.
     ¡Santo es su nombre!
⁵⁰   De generación en generación
     se extiende su misericordia a los que le temen.
⁵¹   Hizo proezas con su brazo;
     desbarató las intrigas de los soberbios.[h]
⁵²   De sus tronos derrocó a los poderosos,
     mientras que ha exaltado a los humildes.
⁵³   A los hambrientos los colmó de bienes,
     y a los ricos los despidió con las manos vacías.
⁵⁴⁻⁵⁵ Acudió en ayuda de su siervo Israel
     y, cumpliendo su promesa a nuestros padres,
     mostró[i] su misericordia a Abraham
     y a su descendencia para siempre».
⁵⁶ María se quedó con Elizabet unos tres meses y luego regresó a su casa.

La historia de la navidad de Lucas 1

Se ha escrito mucho acerca de María y de la experiencia supernatural que tuvo. Trate de ponerse en su lugar. ¿Cómo sería de repente estar parada ante un ángel? No sólo un ángel ¿pero uno con un saludo tan increíble? ¿Quién era ella para que una de las huestes celestiales le llamara "muy favorecida"? En las escrituras los ángeles suelen decir "no tengas miedo" pero me imagino que estos encuentros son aterradores. María no solo es confrontada por un mensajero santo, sino también el ángel le da unas noticias que nunca esperó escuchar, estaba embarazada a pesar de ser virgen, y lógico, tenía algunas preguntas que todos se harían.

Lo que me impresiona más de María en este pasaje es su respuesta en el versículo 38: "Aquí tienes a la sirvienta del Señor" respondió María. "que Él haga conmigo como me has dicho".

Que tremenda fe para estar parada frente al ángel Gabriel después de esas noticias tan asombrosas. Yo hubiera sido como Moisés y hubiera discutido primero, pero María no lo hizo, porque entendía que, a pesar de estar en una situación difícil desde el punto de vista humano, era un gran honor ser escogida por Dios, así es que aceptó su rol en SU plan.

Luego María fue a la casa de su prima Elizabeth. Ella y su esposo eran gente muy devota. Obviamente con el conocimiento divino, el saludo de Elizabeth a su joven prima debió haber sido de gran consuelo para la joven. Después de todo, ¿cómo María podría explicar a su prima lo de su embarazo y todo lo que le había pasado? Pues, Dios se encargó de eso por ella, el Espíritu Santo le dijo antes a Elizabeth y pudo entender inmediatamente que lo que le pasó a María fue algo increíble.

Dios es así. Me he dado cuenta de que, durante los momentos más difíciles y frustrantes de obediencia en mi vida, cuando intentar no parece ser suficiente, incluso los peores momentos parecen funcionar, sé que Él está cuidando de mí. A lo mejor no seamos tan piadosos y humildes como María, pero podemos estar seguros de que Él siempre está ahí, ayudándonos cuando más lo necesitamos.

Tome algo de tiempo para orar y volver a leer el canto de María. Deje que sus palabras le inunden y dígale al Señor lo que está en su corazón en este instante.

¿Cuál es el versículo clave en este pasaje?

_____
_____
_____
_____
_____
_____
_____
_____

¿Ha habido alguna vez en su vida donde simplemente no sabía si algo iba a funcionar?

_____
_____
_____
_____
_____
_____
_____

El anuncio del nacimiento de Jesús

Mirando hacia atrás ¿puedes ver cómo Dios estuvo con usted y le dio una salida?

_____
_____
_____
_____
_____
_____
_____
_____
_____
_____
_____
_____
_____
_____
_____
_____
_____

Algunas veces es difícil verlo obrar cuando estamos en medio de la confusión, pero a pesar de que la situación no salió como queríamos podemos estar seguros de que Dios está en control. Si ponemos nuestra fe y esperanza en Él, nos ayudará a enfrentar todo lo que se nos presente.

Deuteronomio 31:6 dice: "Sean fuertes y valientes. No teman ni se asusten ante esas naciones, pues el Señor su Dios siempre los acompañará; nunca los dejará ni los abandonará"

Escriba aquí sus pensamientos.

_____

_____

_____

_____

_____

_____

_____

_____

_____

_____

_____

_____

El anuncio del nacimiento de Jesús

Mateo 1:18-25

¹⁸ El nacimiento de Jesús, el Cristo, fue así: Su madre, María, estaba comprometida para casarse con José, pero, antes de unirse a él, resultó que estaba encinta por obra del Espíritu Santo. ¹⁹ Como José, su esposo, era un hombre justo y no quería exponerla a vergüenza pública, resolvió divorciarse de ella en secreto.

²⁰ Pero, cuando él estaba considerando hacerlo, se le apareció en sueños un ángel del Señor y le dijo: «José, hijo de David, no temas recibir a María por esposa, porque ella ha concebido por obra del Espíritu Santo. ²¹ Dará a luz un hijo, y le pondrás por nombre Jesús, porque él salvará a su pueblo de sus pecados».

²² Todo esto sucedió para que se cumpliera lo que el Señor había dicho por medio del profeta: ²³ «La virgen concebirá y dará a luz un hijo, y lo llamarán Emanuel» (que significa «Dios con nosotros»).

²⁴ Cuando José se despertó, hizo lo que el ángel del Señor le había mandado y recibió a María por esposa. ²⁵ Pero no tuvo relaciones conyugales con ella hasta que dio a luz un hijo, a quien le puso por nombre Jesús.

La historia de la navidad

Mateo 1:18-25

El libro de Lucas no menciona que el ángel se le apareció a José. Nadie sabe porque, pero está escrito en el libro de Mateo. Otra vez vemos cómo Dios está cuidando de María y de toda la familia. Dios mandó a un ángel para hablar con José y explicarle la situación para que se quedara con ella y criara a Jesús como su propio hijo.

Vemos en estos cortos pasajes que José era un hombre honorable, que después de saber que su esposa estaba embarazada creó un plan para sacarla discretamente y así no causar una vergüenza a ninguno de los dos. Él tenía todo el derecho culpar y señalarla, pero decidió divorciarse de ella en secreto. Esto nos habla de su carácter y nos ayuda a entender del por qué fue escogido para esta misión en primer lugar. La escritura nos dice que escogió hacerlo de esta manera porque era un hombre fiel. No quiso hacer las cosas por su propio interés, pero las hizo como Dios quería que las hiciera.

Pero antes de llevar a cabo sus planes, el Señor mandó un ángel para aclarar la situación. El ángel le explicó como el bebé era parte de la gran profecía de Dios para salvar a la humanidad de sus pecados. Entonces José que fue un hombre de fe hizo como el ángel le había dicho y se quedó con María y llamó al niño Jesús.

En este pasaje vemos comó Dios conoce nuestros pensamientos e intenciones antes de que sean palabras o acciones. Él conocía el plan que José estaba pensando, y a pesar de que era una forma bondadosa de manejar la situación, Dios tenía un plan diferente para su vida. En el versículo 23, el ángel se refiere a la profecía que se encuentra en Isaías 7:14, "Por eso, el Señor mismo les dará una señal: La virgen concebirá y dará a luz un hijo, y lo llamará Emanuel".

Como José era un hombre fiel y piadoso, debió haber estar familiarizado con estado profecía y su significado. Debió haber entendido en ese momento que este no era un niño ordinario y que, tal como María, él estaba siendo bendecido, en vez de ponerlo en una situación incómoda.

Algunas veces nos olvidamos de consultar a Dios porque pensamos que sabemos qué es lo mejor para nosotros, pero en eso podemos adelantarnos y perder una bendición. Sus planes no siempre tienen sentido porque van más allá de lo que entendemos, pero si confiamos en Él podemos estar seguros de que nos va a bendecir por eso. Romanos 8:28 nos dice "Ahora bien, sabemos que Dios dispone todas las cosas para el bien de quienes lo aman, los que han sido llamados de acuerdo con su propósito".

Revise sus respuestas en la sección anterior y tome tiempo para orar antes de considerar estas preguntas.

Al igual que José, ¿Qué plan tenía que era tan seguro pero que tuvo que cambiarlo por un paso de fe?

_____

_____

_____

_____

_____

_____

_____

Mateo 1:18-25

¿Hay alguna situación que estés enfrentando que necesitas dejar ir y entregarla a Dios?

No siempre es fácil poner toda tu fe y esperanza en Dios, pero como José podemos estar confiados en que si lo hacemos, Él abrirá un camino porque tiene un plan para su vida.

Pase un tiempo en oración y si decide dejar lo que sea que esté pasando, escriba su oración aquí para que pueda volver y ver lo que Dios está haciendo por usted.

Escriba aquí sus pensamientos.

_____

_____

_____

_____

_____

_____

_____

_____

_____

_____

_____

_____

_____

Mateo 1:18-25

Lucas 2

El nacimiento de Jesús

Por aquellos días Augusto César decretó que se levantara un censo en todo el Imperio romano.[a] ² (Este primer censo se efectuó cuando Cirenio gobernaba en Siria). ³ Así que iban todos a inscribirse, cada cual a su propio pueblo.

⁴ También José, que era descendiente del rey David, subió de Nazaret, ciudad de Galilea, a Judea. Fue a Belén, la Ciudad de David, ⁵ para inscribirse junto con María su esposa.[b] Ella se encontraba encinta ⁶ y, mientras estaban allí, se le cumplió el tiempo. ⁷ Así que dio a luz a su hijo primogénito. Lo envolvió en pañales y lo acostó en un pesebre, porque no había lugar para ellos en la posada.

⁸ En esa misma región había unos pastores que pasaban la noche en el campo, turnándose para cuidar sus rebaños. ⁹ Sucedió que un ángel del Señor se les apareció. La gloria del Señor los envolvió en su luz, y se llenaron de temor. ¹⁰ Pero el ángel les dijo: «No tengan miedo. Miren que les traigo buenas noticias que serán motivo de mucha alegría para todo el pueblo. ¹¹ Hoy les ha nacido en la Ciudad de David un Salvador, que es Cristo el Señor. ¹² Esto les servirá de señal: Encontrarán a un niño envuelto en pañales y acostado en un pesebre».

¹³ De repente apareció una multitud de ángeles del cielo, que alababan a Dios y decían:

¹⁴ «Gloria a Dios en las alturas,   y en la tierra paz a los que gozan de su buena voluntad».[c]

La historia de la navidad

¹⁵ Cuando los ángeles se fueron al cielo, los pastores se dijeron unos a otros: «Vamos a Belén, a ver esto que ha pasado y que el Señor nos ha dado a conocer».

¹⁶ Así que fueron de prisa y encontraron a María y a José, y al niño que estaba acostado en el pesebre. ¹⁷ Cuando vieron al niño, contaron lo que les habían dicho acerca de él, ¹⁸ y cuantos lo oyeron se asombraron de lo que los pastores decían. ¹⁹ María, por su parte, guardaba todas estas cosas en su corazón y meditaba acerca de ellas. ²⁰ Los pastores regresaron glorificando y alabando a Dios por lo que habían visto y oído, pues todo sucedió tal como se les había dicho.

²¹ Cuando se cumplieron los ocho días y fueron a circuncidarlo, lo llamaron Jesús, nombre que el ángel le había puesto antes de que fuera concebido.

En esta parte de la historia, nace Jesús. Sólo se menciona en los versículos seis y siete, pero María podría decirnos que hubo mucho más en la historia que eso. Aprendemos en estos versículos que iba a dar a luz en una ciudad ajena y que no tuvieron un lugar donde quedarse. Así encontramos al Mesías envuelto en pañales y en un pesebre. La primera parte de la promesa se había cumplido. María dio a luz al hijo de Dios.

Después de su nacimiento, Jesús recibe algunos invitados inesperados. Esa noche, había cerca unos pastores que estaban cuidando sus ovejas, cuando otra vez los ángeles trajeron las buenas noticias. Pero a diferencia de los ángeles que se aparecieron a María y José quienes vinieron a ellos de manera separada y entregando un mensaje personal, estos eran muchos ángeles. Me los imagino llenando el cielo y brillando tanto como el sol, alabando a Dios juntos y compartiendo su emoción con estos hombres. Los pastores decidieron ir y encontrar al bebe y verlo con sus propios ojos. ¿Cómo podían negarse a una invitación como esta?

Cuando conocimos a los pastores por primera vez estaban trabajando. Debió haber muchos pastores esa noche ya que la gente se había juntado para ser contada en el censo y no habrían dejado sus rebaños en casa y ellos representaban "al hombre común y corriente". Los ángeles no fueron al palacio o al templo para anunciar el nacimiento de Jesús, pero fueron a estos "hombres no muy importantes" y los invitaron a unirse a la celebración. Ese fue un sello distintivo del ministerio de Jesús en la tierra porque dejó en claro que no estaba interesado en el estatus o riqueza de las personas sino de quienes eran. Jesús llamó a pescadores y recolectores de impuestos para estar en su círculo íntimo. Entonces no fue por casualidad que humildes pastores fueran los invitados a la escena sagrada en el pesebre esa noche, y quedaron tan impresionados que compartieron la noticia con otros y dieron la gloria a Dios por todo lo que había sucedido.

Uno de mis pasajes favoritos es el versículo 19: "María, por su parte, guardaba todas estas cosas en su corazón". Había sido un día muy largo para ella, y probablemente una semana larga o más mientras se preparaba y se embarcaba en su viaje. Ni siquiera pensar en el estrés de encontrar un lugar para hospedarse para tener al bebé, y luego darse cuenta de que ese lugar donde alimentaban animales era la mejor opción. De inmediato recibieron a sus primeros visitantes que eran un grupo extraño de pastores emocionados, pero en medio de todo esto, vemos a María con la misma actitud humilde que vimos cuando escuchó que daría a luz a Jesús, y en vez de reaccionar negativamente, reflexionó de todo lo que había sucedido y atesoró la experiencia. No todas las mujeres podrían tomar todo esto con calma, pero María era especial. De alguna manera, entendió que los pastores eran parte de un plan mucho más grande.

Lucas 2:1-14: El nacimiento de Jesús

Cuando tomamos la decisión de confiar en Dios como María, deberíamos estar listos para pasar por experiencias únicas. La llegada de los pastores no fue anunciada ni a José o María, pero llegaron con mucha emoción impulsados por los ángeles para ser parte de todo lo que estaba sucediendo. Dios puede usar las personas y situaciones más simples y hacerlas divinas tal como lo hizo esa noche en el pesebre, y podemos ver en la historia de los pastores, que Dios fue fiel a su promesa y sigue siendo igual el día de hoy.

Tómese un tiempo para orar acerca de todo lo que ha leído.

_____
_____
_____
_____
_____
_____
_____
_____
_____
_____
_____
_____

¿Hay algún versículo en particular que le llame la atención en este pasaje?

_____

_____

_____

_____

_____

_____

_____

Puede que sea su primera vez o que lo haya pensado ciento de veces, ¿Qué puede rescatar acerca la historia de los pastores?

_____

_____

_____

_____

_____

_____

_____

Lucas 2:1-14: El nacimiento de Jesús

Ya sea que lo pienses por primera vez o por centésima vez, ¿qué ideas has obtenido de la historia de los pastores?

Escriba aquí sus pensamientos.

Mateo 2

Después de que Jesús nació en Belén de Judea en tiempos del rey Herodes, llegaron a Jerusalén unos sabios[a] procedentes del Oriente.

² —¿Dónde está el que ha nacido rey de los judíos? —preguntaron—. Vimos levantarse[b] su estrella y hemos venido a adorarlo.

³ Cuando lo oyó el rey Herodes, se turbó, y toda Jerusalén con él. ⁴ Así que convocó de entre el pueblo a todos los jefes de los sacerdotes y maestros de la ley, y les preguntó dónde había de nacer el Cristo.

⁵ —En Belén de Judea —le respondieron—, porque esto es lo que ha escrito el profeta:

⁶ »"Pero tú, Belén, en la tierra de Judá,
de ninguna manera eres la menor entre los principales de
Judá; porque de ti saldrá un príncipe
que será el pastor de mi pueblo Israel"».[c]

⁷ Luego Herodes llamó en secreto a los sabios y se enteró por ellos del tiempo exacto en que había aparecido la estrella. ⁸ Los envió a Belén y les dijo: —Vayan e infórmense bien de ese niño y, tan pronto como lo encuentren, avísenme para que yo también vaya y lo adore.

⁹ Después de oír al rey, siguieron su camino, y sucedió que la estrella que habían visto levantarse iba delante de ellos hasta que se detuvo sobre el lugar donde estaba el niño. ¹⁰ Al ver la estrella, se llenaron de alegría. ¹¹ Cuando llegaron a la casa, vieron al niño con María, su madre; y postrándose lo adoraron. Abrieron sus cofres y le presentaron como regalos oro, incienso y mirra.

¹²Entonces, advertidos en sueños de que no volvieran a Herodes, regresaron a su tierra por otro camino.

Ninguna historia navideña podría estar completa sin los reyes magos. Históricamente, no se sabe mucho de ellos. Los estudiosos han debatido sobre su país de origen, y algunas tradiciones le han dado nombres basado en la realeza de los países orientales de aquella época. Sin embargo, la escritura nos da pocos detalles y ni siquiera sabemos con certeza de cuantos eran.

Muchas de las imágenes que vemos los muestra como tres hombres vestidos como realeza viajando en camellos a través del desierto. Podemos asumir que el número de hombres viene por los tres regalos que se presentaron, pero hombres de esa afluencia y riqueza no podrían haber viajado tan lejos en un grupo tan pequeño porque deberían haber tenido una gran escolta. Su identidad exacta tampoco tiene mucho impacto en la importancia dentro de la historia de la navidad. Fueron reconocidos como sabios que tenían una pasión por la ciencia y los eventos teológicos, y los recursos para perseguir su curiosidad intelectual.

Mucho pasa en esta sección incluyendo la visita al Rey Herodes, los visitantes fueron recibidos por Herodes cuando preguntaron acerca del lugar del Rey de los Judíos. ¡Que sorpresa debió haber sido para el rey! porque buscó respuestas de sus asesores quienes le hablaron de la profecía. Herodes les dio a los reyes magos su mensaje secreto y continuaron su camino. Los reyes viajaron una gran distancia con buenas intenciones, pero el interés de Herodes para encontrar al niño era malo. Aun así, no recorrió la distancia corta para encontrar al niño, pero estos extranjeros tuvieron más pasión y compromiso a la misión que tuvo el Rey.

Guiados una vez más por la estrella, los reyes magos encontraron a María y Jesús y le presentaron regalos, se postraron y lo adoraron. El oro, incienso y mirra eran regalos que se presentarían a un rey, lo que significaba el estatus de Jesús como rey de los judíos. Esto sería un pronóstico del ministerio de Jesús más adelante. Comenzó como adulto enseñando a su gente, como lo hicieron los pastores, esto enfureció a muchos al igual que al rey Herodes, luego el mensaje de Jesús fue llevado por extranjeros que lo recibieron con alegría como lo hicieron los reyes magos.

Es parte de la naturaleza humana perder de vista lo que buscamos a menos que estemos enfocados. El viaje de los reyes magos es una gran ilustración de cómo estar motivados y enfocados, porque los muestra siguiendo su pasión. Su apetito por la aventura los sacó de sus casas y comodidades para seguir una estrella. Su curiosidad los impulsó a recorrer una distancia desconocida para darle la bienvenida a un niño al trono de un pueblo extranjero. Eso es una cantidad de dedicación extrema. Para hacer tan tremendo esfuerzo, tuvieron que entender el significado de aquel a quien estaban buscando.

Este niño era un rey como ningún otro. No nació en un palacio ni fue criado por sirvientes, ni destinado a sentarse en un trono terrenal, sino que su destino fue muy superior a cualquiera que haya venido antes y que haya vivido después de él. Su misión no era derrocar reinos, sino salvar a la gente de su pecado y del pecado para abrir un camino para que podamos ser puros. Así es que para aquellos que lo buscan, Él todavía es el camino.

Tómese un tiempo para orar y contemplar la travesía de los reyes magos.

La historia de la navidad

¿Alguna vez ha sentido que podría viajar miles de kilómetros porque tiene una pasión que lo motiva?

¿Se ha sentido alguna vez así por Jesús?

_____

_____

_____

_____

_____

_____

_____

¿Cuándo fue la última vez que se sintió feliz con su relación con él?

_____

_____

_____

_____

_____

_____

_____

_____

Si ha pasado mucho tiempo o si nunca ha tenido una relación con Él, pida a Dios que encienda su fervor o restaure la pasión que tenía antes. Si nunca la ha tenido pídale que lo purifique y lo llene con deseos que son buenos y que le agraden. Mi oración para usted, querido lector, es que cualquiera sea la situación, no deje que su navidad se concentre en las cosas equivocadas, pero que nos enfoquemos en las cosas correctas como los reyes magos de buscar a Jesús, arrodillándonos y adorándolo solo a Él.

Escriba aquí sus pensamientos.

La historia de la navidad

www.ingramcontent.com/pod-product-compliance
Lightning Source LLC
Chambersburg PA
CBHW081024040426
42444CB00014B/3342